NOTICE GÉNÉALOGIQUE

SUR LA FAMILLE

MAC SHEEHY.

NOTICE GÉNÉALOGIQUE

SUR LA FAMILLE

MAC SHEEHY,

ANCIENNEMENT

SEIGNEURS DE CONNELLO,

DANS LA PROVINCE DE MUNSTER,

EN IRLANDE,

SUIVIE DE PIÈCES JUSTIFICATIVES, ET RÉDIGÉE D'APRÈS LES
CHRONIQUES, LES HISTOIRES ET LES ACTES PUBLICS,

PAR

M. Amédée De la PONCE,

PARIS,

TYPOGRAPHIE DE MME SMITH,

RUE FONTAINE-AU-ROI, 14 TER.

—

1848.

MAC SHEEHY,

EN IRLANDE ET EN FRANCE.

ARMES. D'argent, au navire voilé, équipé de sable, sur une mer du premier, ondée d'azur; au chef d'azur, chargé d'un lézard au naturel. L'Écu timbré d'un casque d'argent, à cinq grilles, posé de trois quarts; orné de ses lambrequins d'argent, de sable et d'azur. CIMIER. Sur un bourrelet, un lion rampant au naturel.

CRI. *Aon Dia, aon Righ.* (Un Dieu, un Roi.)

DEVISE. — 1692. *Semper et ubique fideles.* — 1792.

Observations sur les armes des MAC SHEEHY.

Le lézard du chef est quelquefois d'*or*. Ce symbole du lézard paraît se rapporter à ces temps reculés où le merveilleux servait à expliquer les origines. Suivant d'anciennes légendes, *Colgan*, roi de la province de Munster vers le milieu du VIIe siècle, était venu au monde tenant un lézard dans sa main; sa postérité adopta le symbole du lézard (1) qui se retrouve, en effet, sur les écussons ou dans les cimiers des *Mac Carthys*, des *O' Keeffes* et de plusieurs autres familles du Munster, descendues d'*Heber*, Fionn, fils aîné de Milesius. Les M' Sheehys, comme on le verra plus loin, ont une origine différente; mais ils habitaient déjà cette province depuis un grand nombre de siècles, lorsque les familles irlandaises, à l'exemple de l'Angleterre et des états du Continent, adoptèrent l'usage des armoiries.

Les Mac Sheehys de France ont ajouté à leur devise ancienne, ces mots : *Semper et ubique fideles*, que *Monsieur*, comte de Provence, autorisa les officiers irlandais, qui l'accompagnèrent en 1792, à inscrire sur leurs drapeaux avec les millésimes 1692-1792 (2).

Les particules *O'* et *Mac* qui précèdent les noms patronymiques de toutes les familles nobles d'Irlande, n'ont pas absolument, dans la langue irlandaise, la même signification.

O' qui, dans les temps anciens, se disait *ua*, signifie littéralement *descendant mâle* (fils, petit-fils, ou tout autre degré de descendance).

Mac signifie rigoureusement *fils de*; mais il a reçu, par l'usage, la même acception que la particule *O'*.

Il y a lieu de croire, et *Keating* affirme, que l'emploi des particules *O'* ou *Mac* doit remonter à l'époque où *Brien* (Boiroimhe), roi d'Irlande, tué à la bataille de Clontarf, en 1014, préscrivit à toutes les Branches de la famille milésienne d'adopter un nom patronymique distinctif. Chaque branche et chaque tribu choisit le nom de celui de ses ancêtres qui s'était le plus illustré, et le fit précéder de la particule *O'* ou *Mac* (descendant de).

Les chefs de tribus ou de races se distinguaient par l'emploi de leurs noms patronymiques seuls précédés de *O'* ou de *Mac*, comme l'*O' Neill*, le *Mac Carthy*, etc. Tous les autres membres des familles faisaient précéder le nom patronymique de leurs prénoms particuliers, comme *Hugues O' Neill*, *Edmond Mac Sheehy*, *Daniel O' Brien*, etc.

(1) Geogh, Antiquities of Ireland. Dublin, 1748, page 138.
(2) Matthew O' Connor. Military memoirs of the Irish nation, in-8º, Dublin, 1845, page 307.

TABLEAU GÉNÉALOGIQUE.

Le tableau généalogique de la famille MAC SHEEHY, depuis *Hérémon* jusqu'à notre époque, existe en entier dans l'ouvrage intitulé, « *Essai sur les Familles irlandaises Milésiennes ;* » (1) mais comme, par suite de l'antiquité même de cette famille, il donnerait à cette notice une étendue qui ne serait peut-être pas compensée, pour des lecteurs français, par l'intérêt des détails, on se contentera d'en présenter ici un extrait.

DEGRÉS généalogiques.						
1.	HÉRÉMON, le plus jeune fils de *Milesius* et le 1er monarque d'Irlande, suivant les Annales.					
49.	COLLA Huais (*le noble*), roi d'Irlande, mort en l'an 331, suivant les calculs d'*O'Flaherty*.					
76.	SAMUEL (*Somhairle*), vivait au commencement du XIVe siècle.					
77.	RENAUD (*Randle*).	Dowell (*Dubhgall*), auteur des *M'Dowells* d'Irlande et d'Écosse.				
78.	DANIEL (*Domhnall*).	ROGER (*Rudhruigh*), ancêtre des *M'Rorys*, seigneurs des Hébrides.				
79.	2e ALEXANDRE (*Alusdrum*).	1° ÉNÉE (AONGUS), auteur des *Mac Donnels*, d'Antrim, et des *M'Donalds*, d'Écosse.				
80.	HECTOR Donn. (*Eocha*). vers le milieu du XVe siècle.					
81.	SHEEHY (*Sighagh*), dont les MAC SHEEHYS ont adopté le nom vers la fin du XVe siècle.					
89.	M'SHEEHY, venu en France avec le roi Jacques II, d'Angleterre, en 1691.					
90.	BERNARD 1, † 1783. Il eut de son mariage avec *Honora ô' Héhir,*					
91.	MORGAN † S. P.	JEAN 1.	BERNARD II.	PATRICE 1, † 1779.	JEAN II, † 1815.	
92.		JEAN III.	PATRICE II.	BERNARD III, † 1807.	JEAN IV, † 1795.	JEAN-BERNARD-LOUIS.	PATRICE-MAURICE, † 1805. S. P.
93.					MARIE-VIRGINIE-ALBERTINE.	

(1) *En manuscrit*, chez M. de la Ponce, rue de Babylone, n° 19. Paris.

La famille Mac Sheehy, originaire d'Irlande, où
elle appartient à l'ordre de la noblesse, est venue se
fixer en France vers la fin du xviie siècle ; et, comme
on le verra par la suite, elle a toujours, par ses alliances comme par ses services, occupé un rang distingué
dans les deux pays.

Son nom patronymique, (qui, en irlandais, est Mac
Sighagh), se trouve écrit quelquefois dans les auteurs
Mac Shean, Mac Sheyn, Mac See, etc. Mais l'ortho-
graphe le plus généralement adoptée et le plus en rap-
port avec le nom irlandais Mac Sighagh, est Mac Sheehy.
Ces variantes ont, au surplus, fort peu d'importance,
puisqu'il n'a pas existé d'autre famille en Irlande dont
le nom ait quelque analogie avec celui dont il est ici
question.

Suivant les annales et les généalogistes irlandais les
plus estimés, les Mac Sheehys appartiennent à la race
royale d'*Hérémon*, (fils de Milésius et premier monarque d'Hibernie plusieurs siècles avant notre ère),
auquel ils se rattachent par *Colla uais*, roi d'Irlande
vers le commencement du ive siècle. Les auteurs sont
unanimes sur ce point et reconnaissent également que
cette origine leur est commune avec les *Mac Donnells*,
marquis d'Antrim et pairs d'Irlande, dont les M'Sheehys sont une branche collatérale (*a*) (1).

(1) Voir pour les renvois *en lettres italiques*, les pièces justificatives à la suite de cette notice, page 14 et suivantes.

Les anciens domaines de cette famille étaient situés, avant le xe siècle, dans la province de Munster où ils possédaient , à l'ouest du Comté de Limerick , la partie méridionale de la Baronnie actuelle de Conello (*b*).

L'Irlande fut redevable aux M'SHEEHYS de plusieurs fondations pieuses. On cite entre autres celle d'un couvent de religieuses de l'ordre de saint Augustin, sous l'invocation de sainte Catherine , qui fut fondé et doté à *Killshane,* dans le comté de Limerick , par Sir MAC SHEEHY, gentilhomme irlandais (*c*).

Les chroniques nationales fournissent un certain nombre de documents relatifs à cette famille ; nous ne citerons que les suivants.

Après la victoire remportée en 967 par le célèbre Brien (*boiroimhe*), roi de Munster, sur les meurtriers de son frère aîné , Mahon , ce monarque distribua, suivant l'usage établi, des présents aux chefs qui lui avaient fourni leurs contingents armés. Les MAC SHEEHYS, Seigneurs de Conall Gabhra (le bas Connello), reçurent pour leur part , dix épées , dix boucliers , dix chevaux, dix coupes et le droit de prendre place à la table royale (*d*).

Lorsque Jacques, septième comte de Desmond, mort en 1462 , se rendit dans le Connaught pour épouser Marie , fille d'Ulrick de Burgh , Comte de Clanricarde, il se fit accompagner par les MAC SHEEHYS, qu'il attacha à sa personne en qualité de gardes du corps. Cette famille , ajoute l'historien , obtint depuis lors , dans cette province, la même considération dont elle jouissait déjà dans le Comté de Limerick (*e*).

A l'époque de l'insurrection fomentée et dirigée par Gerald, Comte de Desmond, en 1579, les parents des Geraldins coururent aux armes; les MAC SHEEHYS, les *M'Mahons*, et les *Mac Sweenys* se joignirent à eux, et, ajoute *Curry*, ils sont toujours restés fidèles à la cause de leur patrie (*f*).

En 1570, Maurice MAC SHEEHY était secrétaire et ami de ce même Comte de Desmond (*g.*).

En 1572, Mathieu MAC SHEEHY obtint l'évêché de Cork; il mourut en 1582 (*h*).

Sir Edmond MAC SHEEHY épousa Marie, fille d'Edmond *Fitz Maurice*, (Lord Petty Wycombe,) dont les descendants sont Marquis de Lansdowne et Pairs d'Irlande (*i*).

Hélène, fille d'Emmanuel MAC SHEEHY, épousa Maurice *Mac Mahon*, des Seigneurs de Tourdile (*j*).

Au mois de juin de l'année 1600, pendant la guerre dite de Tyrone, Roger MAC SHEEHY, alors vieux et aveugle, fut dépouillé de ses domaines par *Dermod O'Connor*, Prince de Connaught, qui fit prisonniers ses deux fils et lui enleva ses villes et ses châteaux (*k*).

Il y a tout lieu de penser que ce fut depuis cette époque que les Mac Sheehys furent refoulés dans le Comté de Kerry. De nos jours les débris de cette famille, qui sont restés en Irlande, habitent Killarney, près des beaux lacs de ce nom, et plusieurs auteurs des Mac Sheehys de France ont reçu le jour à Killarney, dans le Comté de Kerry (*l*).

Lorsqu'à la fin du xvii° siècle, les Irlandais prirent les armes en faveur du Roi Jacques II, qui fit naître et trompa leurs dernières espérances, les Mac Sheehys combattirent pour sa cause, et après les désastreuses batailles d'Aughrim et de la Boyne, et la fatale capitulation de Limerick (1690-1691), ils abandonnèrent leur patrie pour rejoindre le monarque en France, où ils se distinguèrent dans l'église et dans les armes. En effet, cette famille a fourni des docteurs à la Sorbonne, et à l'armée plusieurs braves officiers qui, tous, ont versé leur sang ou sont morts pour leur patrie adoptive, tandis que deux de ses membres, restés en Irlande, périssaient martyrs de leur fidélité à la religion de leurs pères, et victimes de l'extermination qui, sous le règne de Georges III, d'Angleterre, poursuivait encore les catholiques romains dans la malheureuse Irlande. On lit dans *John Curry*, qu'en 1766, Edmond et Nicolas M'Sheehy furent tous deux livrés au dernier supplice et ensuite écartelés, après une procédure dont l'iniquité soulève l'indignation de l'historien anglais lui-même (*m*).

BRANCHE DES MAC SHEEHY DE FRANCE (1).

I.   N. Mac Sheehy, né en Irlande, combattit les Anglais en 1690 et 1691, et suivit le Roi Jacques II en France, où il servit dans les brigades irlandaises. On ignore la date de son décès, on sait seulement qu'il fut père de

II.   Bernard I (Brian). Il servit comme son père dans les brigades où il était capitaine dans le régiment de Fitz-James, cavalerie ; il mourut en 1783, à un âge très avancé, laissant de son mariage avec *Honora O'Hehir*, d'une famille noble d'Irlande ;

O'Hehir.

A.   Morgan, mort sans postérité.

B.   Jean I. Il fut père de
> a. Jean III, mort sans enfants.
> b. Patrice II, officier dans un régiment irlandais.

C.   Bernard II. Il fut père de
> a. Bernard III, né en 1774. Il était adjudant-général au service de France et fut tué par un boulet de canon à la bataille d'Eylau, le 8 février 1807, sans laisser de postérité.
> b. Jean IV, né en 1776, mort en 1795, sans postérité.
> c. Élisa, née vers l'année 1776, en Irlande, où elle a embrassé la vie religieuse dans un couvent de Killarney ; elle était encore existante en 1846.

D.   Patrice I, né en 1741. Il était officier au régiment de Dillon, et fut tué d'un coup de canon à l'attaque du fort de l'île de la Grenade, en Amérique, le 4 juillet 1779. Le Major Browne écrivit à cette occasion, à la famille de Patrice Mac Sheehy,

(1) Voir le Tableau généalogique, page 6 (*bis*).

une lettre qui contient les honorables témoignages que nous transcrirons ici. « Le malheureux Pa- « trice est tué ; il a vécu assez pour savoir le « succès de ses camarades ; il demanda si le « morne était pris, et dès qu'on lui eut dit que « oui, « *Eh bien! je meurs content!* » et il ex- « pira. Jamais personne ne se présenta au dan- « ger avec plus de courage et de gaîté, et jamais « officier n'a été plus regretté..... etc. »

(Cette lettre touchante est conservée en original dans les archives de M. le Chevalier M'Sheehy, son neveu).

III.   Jean II, né le 4 juillet 1745, à Killarney, en Irlande. Il fut conseiller d'Etat, premier médecin ordinaire des Rois Louis XV et Louis XVI, et chevalier de l'ordre du Roi (Saint-Michel) ; il mourut en 1815 et laissa de son mariage, célébré à Saint-Germain-l'Auxerrois, à Paris, le 20 août 1782, avec D^{lle} Gabrielle *Ballet du Bouyes ;*

A.   Jean Bernard Louis, dont l'article suivra.

B.   Patrice Maurice, né vers l'an 1789. Il entra fort jeune dans la marine militaire, parvint au grade d'aspirant de seconde classe et fut tué, le 21 octobre 1805, au combat naval de Trafalgar, étant à peine âgé de 16 ans.

IV.   Jean Bernard Louis MAC SHEEHY, né à Paris, le 4 décembre 1783, fut inscrit en 1788 en qualité de Cadet gentilhomme au régiment de Dillon irlandais, et reçu de minorité, la même année, dans l'ordre de Saint-Jean-de-Jérusalem. Il entra au 10e régiment de chasseurs à cheval le 6 juillet 1802, fut breveté capitaine à l'armée de l'Ouest le 9 juillet 1804, chef d'escadron, à l'armée de Portugal, le 15 avril 1813, et lieutenant-colonel à l'armée d'Espagne le 12 septembre 1823.

Il a été décoré de l'ordre militaire de Pologne en 1808, de la Légion-d'Honneur et nommé chevalier de l'Empire à l'issue de la bataille de Wagram, en 1809, et plus tard officier de la Légion-d'honneur et chevalier de Saint-Louis.

M. le lieutenant-colonel MAC SHEEHY compte douze campagnes ; il a été blessé six fois, savoir : de deux coups de feu reçus, l'un à la bataille de Tann (19 avril 1809), l'autre au combat de Guétaria, en Espagne (17 juillet 1812), et d'un coup de lance et de trois coups de sabre à la bataille de Preussisch-Eylau, où il eut aussi deux chevaux tués sous lui par le boulet ; enfin il a eu l'honneur d'être cité dans les ordres du jour de l'armée de Portugal, la première fois le 18 août 1812 et la seconde le 19 mars 1813.

Il a épousé à Brest, le 21 avril 1812, D^{lle} Amélie Jeanne CHRESTIEN, d'une famille noble de Bretagne, originaire de Normandie. De ce mariage est née une fille,

CHRESTIEN. *De sinople, à une fasce d'or, accompagnée de 3 casques de même, posés de profil, 2 en chef et 1 en pointe.*

V. MARIE VIRGINIE ALBERTINE MAC SHEEHY, née à Tarascon (Provence), le 24 décembre 1829.

Les MAC SHEEHYS ont contracté des alliances avec les FITZ MAURICE, Comtes de Kerry (1) ; les MAC MAHONS, Seigneurs de Tourdile (2) ; les O'HEHIRS ; les O'LYNES ; les MAC DONAGHS, Barons de Ballynadoone ; les DE BURGHS, Marquis de Clanricarde (3) ; les FAGANS ; les BOURKES, Comtes de Mayo (4) ; les FITZ PATRICKS, Comtes d'Upper Ossory (5) ; etc., etc.

(1) FITZ-MAURICE. D'argent, à un sautoir de gueules ; au chef d'hermines. Devise : *Virtute non verbis.*

(2) MAC MAHON. D'argent, à trois lions léopardés et contournés de gueules, armés et lampassés d'azur, l'un sur l'autre. Devise : *Sic nos sic sacra tuemur.*

(3) BURGH (DE). D'or, à la croix de gueules ; au canton dextre, un lion rampant de sable. Devise : *Un roy, une foy, une loy.*

(4) BOURKE. D'or, à la croix de gueules ; le premier canton chargé d'un lion, et le second d'une main droite coupée au poignet et posée en pal, tous deux de sable. Devise : *A cruce salus.*

(5) FITZ-PATRICK. De sable, au sautoir d'argent, au chef cousu d'azur, chargé de trois fleurs de lis d'or. Devise : *Fortis sub forte fatiscet.*

PIÈCES JUSTIFICATIVES

EXTRAITES TEXTUELLEMENT

DES AUTEURS LES PLUS ESTIMÉS.

(*a.*) It appears by their successive Genealogies, that the Family of the **Shyhies** is lineal descendant from *Colla vaish*, and that *Sighagh*, Mac *Eaghduin*, Mac *Alasdruim*, Mac *Doneil* (from whom descended the *Mac Donills* of Scotland and Ireland), was the great ancestor to whom the **Mac Shyhie** owe their original. (KEATING. A general history of Ireland, translated by Dermod O'Connor, in f°. London. 1738. Preface, pages VII and VIII).

From *Colla vais*, the eldest son of *Eocha dubhlein*, sprang the noble family of **Shiehy**, in irish, *Clan Sithigh* (COMERFORD. The history of Ireland, in-8°. Baltimore, 1826, pages 209, 210.)

Des frères *Collas* descend la tribu des **Shiehys** (M'GEOGHEGAN, Histoire d'Irlande, in-4°, Paris, 1758-1763, 3 vol., t. 1, page 204).

Sithicus, filius *Achaii donn*, **Mac Sichios** Momoniæ progenuit. (O'FLAHERTY, Ogygia, in-4. Londini, 1685, page 362).

The **Mac Shyhys** of Munster are sprung from *Collas uais*, King of Ulster and Meath in the fourth century (O'BRIEN. An Irish-English Dictionary, in-4°. Paris, 1768, page 193).

(*b.*) The western part of the County of Limerick was inhabited by the **Mac Sheehys,** &c. (FERRAR. History of Limerick, in-8°. Limerick, 1787, page 390).

Conuill Io'chtarach, (the lower barony of *Conalla,*) in the County of Limerick, the ancient estate of the **O'Sheans** (O'BRIEN (suprà), pages 128-193.)

(*c.*) There (at Kilshane, in the County of Limerick) was an Augustinian nunnery founded by **M'Sheehy,** an Irish Gentleman, and dedicated to St-Catherine (FERRAR (suprà), p. 188.— ALEMANDE. Histoire monastique d'Irlande, in-12. Paris, 1690, pages 349-379).

(*d.*) At this time (967) it was costumary for the Kings of Munster to give annual presents to the territorial chiefs, who, in return, were to furnish their *quotas* of men and horses when called for. **O'Shean,** chief of *Conall Cublra,* or upper Connello, claimed

TRADUCTION LITTÉRALE

DES

PIÈCES JUSTIFICATIVES.

(*a.*) Les généalogies successives de la Famille des **Shyhies** font connaître qu'elle descend en ligne directe de *Colla-vaish ;* et que *Sighagh*, fils d'*Eaghduin*, fils d'*Alasdruim*, fils de *Donnell*, (de qui descendent les *Mac-Donnells* d'Écosse et d'Irlande), fut le grand ancêtre auquel les **Shyhies** doivent leur origine (KEA-TING. Histoire générale d'Irlande, traduite en anglais par Dermod O'Connor. in-fol. Londres. 1738. préface, pages VII et VIII).

De *Colla-vais*, fils aîné d'*Eocha dubhlein*, descend la noble famille de **Shiehy,** en irlandais *Clan Sithigh* (COMERFORD. Histoire d'Irlande, in-8°. Baltimore. 1826. pages 209–210).

Des frères *Collas* descend la tribu des **Shiehys** (M'GEOGHEGAN. Histoire d'Irlande, in-4°. Paris. 1758–1763. 3 volumes. Tome 1. page 204).

Sithicus, fils d'*Achaius. donn*, fut l'auteur des **Mac Sheehys** de Momonie (O'FLAHERTY. Ogygia, in-4°. Londres. 1685. page 362).

Les **Mac Shyhys** de Munster descendent de *Colla uais*, roi d'Ulster et de Meath au IVe siècle (O'BRIEN. Dictionnaire irlandais-anglais, in-4°. Paris, 1768. page 193).

(*b.*) La partie occidentale du Comté de Limerick était habitée par les **Mac Sheehys** &c. (FERRAR. Histoire de Limerick, in-8°. Limerick. 1787. page 390).

Conuill Jochtarach, (baronnie du bas *Conello*,) dans le Comté de Limerick, était anciennement le domaine des **O'Sheans** (O'BRIEN, (suprà,) pages 128–193.)

(*c.*) Là, (à Kilshane, dans le Comté de Limerick,) existait un couvent de religieuses de l'ordre de saint Augustin, fondé par **Mac Sheehy,** gentilhomme irlandais, et dédié à sainte Catherine (FERRAR, (suprà) page 188.—ALEMANDE, Histoire monastique d'Irlande, in-12. Paris. 1690, pages 349–379).

(*d.*) A cette époque (967), les Rois du Munster étaient dans l'usage de distribuer des présents annuels aux chefs de tribus, qui, de leur côté, devaient leur fournir un contingent d'hommes et de chevaux lorsqu'ils en étaient requis. **O'Shean ,** chef de

ten swords, ten shields, ten horses, ten cups, and the honour of sitting at the King's table (Ferrar (suprà), page 383).

(e.) James the 7th Earl of Desmond (dead 1462), married in Connaught and brought the **Ne Sheehys** into this Country, which he retained as his life-guards, a sept afterwards very eminent both in this and the County of Limerick (Smith. The ancient and present state of the County of Cork, 2 volumes [in-8°, Dublin, 1750, tome 1, page 55).

(f.) M. Spencer relates that all the kinsmen of the Geraldines, which then was a mighty family in Munster, in revenge of that huge wrong, rose in arms against the King and utterly renounced and forsook all obedience to the crown of England; to whom the *M'Sweenys*, **M'Shees** and *M'Mahons*, being the servants and followers, did the like, and ever sithence so continued (Curry. An historical and critical, Review of the civil wars in Ireland. In-4°, Dublin, 1786, page 125).

(g.) Morice **Shean** was (about 1570) Secretarie of Thomas Earl of Desmond (Carey. Vindiciae hibernicae, in-8°. Philadelphia, 1823, page 94).

(h.) Mathew **Sheyn,** succeeded bishop of Corke in 1572, and died in 1582 (Smith. (Suprà), tome 1, page 381).

(i.) Mary, daughter of Edmond, Lord Fitz Maurice, 10th Lord of Kerry (*Petty Wycombe*), born 1485, married in 1515 Sir Edmond **Mac Sheehy** (Collin's Peerage, 8 volumes in-8°, London, tome viii, page 21).

(j.) Bibliotheque royale (section des Manuscrits), Chérin, Généalogies manuscrites, 1789, et Archives de M. le Comte Mac Mahon, à Paris).

(k.) *Mountmorres's. Letter to O'Donnell. Juny 1600.*

« ..... Letting you to understand that *Dermod O'Connor* hath
« played a lewd part amongst us here. He hath taken the Earle
« of Desmonde, Thomas oge, and the two sons of Rory **Mac**
« **Sheehy,** togather with their towns and castles, clayming in right
« of his wife (Margaret, the late Earl's daughter) the Earldom of
« Desmond. The Earle is as yet upon his hands, and the country is
« all preyed and destroyed, and Rorie **M'Sheehy**, who is old and
« blind, is banished out of his town, leaving bare without any thing
« and his sons bound very safe and sure; which act being consi-

Conall Cobhra, ou le Haut-Connello, &c., reçut dix épées, dix boucliers, dix chevaux, dix coupes, et l'honneur de s'asseoir à la table royale (Ferrar, (suprà) page 383).

(*e.*) Jacques, septième Comte de Desmond (mort en 1462), prit une épouse dans le Connaught et emmena dans cette province les **M'Sheehys,** qu'il destina à lui servir de gardes du corps; cette tribu devint dès lors aussi distinguée dans cette province qu'elle l'était déjà dans le Comté de Limerick (Smith. État ancien et actuel du Comté de Corke. Dublin. 2 volumes in-8°, 1750. Tome 1. page 55).

(*f.*) M. Spencer raconte que tous les parents des Géraldins, famille puissante du Munster à cette époque, pour venger cette grave injure, prirent les armes contre le Roi et renoncèrent formellement à toute obéissance envers la couronne d'Angleterre. Les *Mac Sweenys,* les **M'Shees,** et les *Mac Mahons,* tous tributaires et partisans de cette famille, suivirent leur exemple et persistèrent depuis lors dans cette conduite (Curry. Revue critique et historique des guerres civiles de l'Irlande, in-4°. Dublin. 1786. p. 125).

(*g.*) Maurice **Shean** était (vers 1570) secrétaire de Thomas, Comte de Desmond. (Carey. Vindiciæ hibernicæ, in-8°. Philadelphie. 1823. page 94).

(*h.*) Mathieu **Sheyn,** fut élu évêque de Corke en 1572, et mourut en 1582 (Smith, (suprà), tome 4. page 391).

(*i.*) Marie, fille d'Edmond, Lord Fitz Maurice, dixième Comte Lord de Kerry (*Petty Wycombe*), née en 1485, épousa en 1515 Sir Edmond **Mac Sheehy** (Collin's peerage, London. 8 volumes in-8°. Tome viii. page 21).

(*j.*) Bibliotheque royale (Section des Manuscrits). Voir les Généalogies manuscrites de Chérin. 1789. Archives de M. le comte de Mac Mahon, à Paris.

(*k.*) *Lettre de Sir Montmorres à O' Donnell. Juin* 1600.

« ..... Je vous fais savoir que *Dermod O'Connor* vient d'en agir
« fort mal à notre égard. Il s'est emparé du Comte de Desmond,
« Thomas Oge, et des deux fils de Roger **Mac Sheehy,** ainsi que
« de leurs villes et de leurs châteaux, sous prétexte de faire valoir
« les droits de sa femme, (Marguerite, fille du feu Comte,) au
« Comté de Desmond. Le comte est présentement entre ses mains,
« tout le pays est livré au pillage et à la dévastation, Roger **Mac**
« **Sheehy,** qui est vieux et aveugle, a été chassé de sa demeure et
« abandonné sans aucune ressource, et ses fils sont renfermés dans

« dered by *Con O'Neale* and others the gentlemen of Connaught who
« were in the said Dermod's company to proceed of treachery and
« falsehood by the said *Dermod*, where upon the said *Con O'Neale*
« and the rest of the Connaught's men, came unto us, bringing with
« them the said *Rorie*, his sons, for which we rest very thankful to
« them, and therefore we desire you to shew them thankes likewise;
« and that you should... &c.

Signed to Castle lishine, the 24th June 1600. *Mac Morres. John
Gerald. Thomas Fitz-Maurice.* **Mac Shihy** (Carew. Pacata Hibernia, page 58. **Mountmorres.** Genealogical Memoir on the Family
of Marisco Morres, in-4°. Paris, 1817, page ccxlix, appendix).

(*l.*)   Actes de l'Etat civil (Archives de la Famille **Mac Sheehy**,
à Paris).

(*m.*) ..... But the person most obnoxious on this occasion, and
whose life seems to have been most eagerly sought after, on a real
or affected belief of his having primarily stirred up, and with
French money and officers supported these rioters, for the purpose
of a future rebellion, was one **Nicholas Sheehy,** parish–priest of
Clogheen. This man was giddy and officious, but not ill-meaning,
with somewhat of a Quixotish cast of mind towards relieving all
those within his district, whom he fancied to be injured or oppress-
ed; and setting aside his unavoidable connexion with those rioters,
several hundred of whom were his parishioners, he was a clergyman of an unimpeached character in all other respects. In the
course of these disturbances, he had been often indicted and tried
as a popish priest; but not sufficient evidence having appeared
against him on that charge, he was always acquitted, to his own
great misfortune; for had he been convicted, his punishment,
which would be only transportation, might have prevented his
ignominious death, which soon after followed.

In the year 1765, the government was prevailed upon by his
powerful ennemies to issue a proclamation against him, as a person
guilty of high treason, offering a reward of 300 pounds for taking
him, which **Sheehy** in his retreat happening to hear of, immediately wrote up to Secretarie Whaite, « that as he was not conscious
« of any such crime, as he was charged with in the proclamation,
« he was ready to save to the government, the money offered for
« taking him, by surrendering himself out of hand, to be tried for
« that or any other crime he might be accused of, not at Clonmell,

« une étroite captivité. Cette conduite paraissant à *Con O'Neill* et
« aux autres gentilshommes du Connaught qui accompagnent ledit
« *Dermod*, constituer un acte de perfidie et de trahison, ces gentils-
« hommes du Connaught et *Con O'Neill* sont venus nous rejoindre,
« conduisant avec eux les fils de *Roger ;* et nous leur avons réelle-
« ment une vive reconnaissance de ce qu'ils ont fait ; c'est pourquoi
« nous vous prions de leur adresser aussi vos remercîments , et
« de, etc. »

Signé à Castlelishine, le 24 juin 1600. *Mac Morres, John Gerald,*
Thomas Fitz-Maurice, (**Mac Shihy** (Carew, Pacata Hibernia,
page 58. et Mémoire Généalogique sur la famille de Marisco Morres,
in-4°. Paris, 1817 page 249. appendice).

(*l.*)   Actes de l'État civil. Archives de la Famille **Mac Sheehy,**
à Paris.

(*m.*) ..... Mais la personne qui paraissait porter le plus d'om-
brage en cette occasion, et dont on cherchait le plus à se défaire ,
(sous le prétexte vrai ou supposé, qu'elle avait excité à la révolte et
encouragé les rebelles, au moyen de l'argent et des officiers venus
de France,) était un certain **Nicolas Mac Sheehy,** curé de Clogheen. Cet homme était confiant et officieux, et ses intentions n'é-
taient pas mauvaises, bien qu'il fût doué d'un esprit chevaleresque
qui le disposait à soutenir toutes les personnes de sa paroisse qu'il
croyait être maltraitées ou opprimées ; et, à part ses rapports avec
les révoltés dont quelques centaines se trouvaient être ses parois-
siens, c'était un ecclésiastique d'une conduite exemplaire sous tous
les autres rapports. Lors des différentes insurrections il avait été
souvent, en sa qualité de prêtre papiste, accusé de complicité et mis
en jugement ; mais il avait toujours été acquitté faute de preuves
suffisantes, bien malheureusement pour lui, puisque s'il eût été
condamné, ce n'aurait été qu'à l'exil, et qu'il eût échappé ainsi à la
peine capitale qu'il dut subir peu de temps après.

En l'année 1765, le Gouvernement , à l'instigation de ses puissants ennemis, lança contre lui un édit qui l'accusait de haute trahison et promettait une récompense de 300 livres sterlings à celui
qui le mettrait en arrestation. Dès que **Sheehy** en fut informé dans sa
retraite, il écrivit au secrétaire Whaite « que comme il n'avait rien à
« se reprocher de semblable à ce dont il était accusé dans l'édit, il
« était prêt à se constituer prisonnier, afin d'éviter au Gouvernement
« la perte de la somme qu'il avait offerte pour son arrestation ; et
« qu'il se présenterait pour être jugé, dans toute ville qui lui serait

« where he feared that the power and malice of his ennemies were
« too prevalent for justice (as they soon after indeed proved to be),
« but at the Court of King's Bench in Dublin. »

His proposal having been accepted, he was accordingly brought
up to Dublin, and tried there for rebellion, of which however after
a severe scrutiny of fourteen hours, he was honourably acquitted;
— no evidence having appeared against him, but a blackguard
boy, a common prostitute and an impeached thief, all brought
out of Clonmell jail and bribed for the purpose of witnessing
against him.

But his inveterate ennemies, who like so many bloodhounds had
pursued him to Dublin, finding themselves disappointed there, re-
solved upon his destruction at all events.

One *Bridge*, an infamous informer against some of those who
had been executed for these riots, was said to have been murdered by their associates, in revenge (although his body could never
be found) (1) and a considerable reward was offered for discover-
ing and convicting the murderer.

Sheehy, immediately after his acquittal in Dublin for rebellion,
was indicted by his pursuers for this murder and notwithstanding
the promise given him by those in office on surrendering himself,
he was transmitted to Clonmell, to be tried there for this new
crime, and upon the sole evidence of the same infamous witnesses,
whose testimony had been so justly reprobated in Dublin, was there
condemned to be hanged and quartered for that murder.

What barefaced injustice and inhumanity were shewn to this un-
fortunate man on that occasion (2), is known and testified by many

(1) It was positively sworn by two unexceptionable witnesses, that he privately left the king -
dom some short time before he was said to have been murdered (*See* notes of the trial, taken
by one of the Jury, in Exshaw's Magazine for June 1766).

(2) I shall mention one instance out of many. « During his trial, Mr. Keating, a person of known
property and credit in that country, having given the clearest and fullest evidence, that during the whole night of the supposed murder of *Bridge*, the prisoner *Nicholas Sheehy* had lain
in his house, and he could not have left it in the night time without his knowledge, and con-
sequently that he could not have been even present at the murder, ther Rev Mr. H., an active

« désignée, à l'exception de Clonmell, où il avait tout lieu de
« craindre que le pouvoir et la méchanceté de ses ennemis ne
« l'emportassent sur la justice de sa cause ; (et la suite prouva
« qu'il avait raison ;) mais qu'il faisait choix de la Cour du banc
« du Roi à Dublin. »

Sa proposition ayant été acceptée, il fut en conséquence transféré à Dublin, et mis en jugement comme prévenu de rébellion ; cependant, après un sévère examen qui ne dura pas moins de quatorze
heures, il fut honorablement acquitté, les seuls témoins à charge
qu'on produisit contre lui n'ayant été qu'un mauvais sujet, une
prostituée de bas étage, et un voleur émérite qui avaient été ex-
traits des prisons de Clonmell et subornés pour porter un faux témoignage contre lui. Mais ses implacables ennemis qui, semblables
à autant de limiers, l'avaient poursuivi jusqu'à Dublin, se trouvant
désappointés par cette décision, résolurent de le perdre à quelque
prix que ce fût.

On prétendit qu'un nommé *Bridge,* dénonciateur infâme de plusieurs de ceux qui avaient été exécutés pour cause de rébellion, ve-
nait d'être immolé par la vengeance de leurs complices, (bien qu'il
ait été impossible de jamais trouver son cadavre,) (1) et une récompense considérable fut promise à celui qui découvrirait et convain-
crait le meurtrier.

Sheehy, à peine acquitté à Dublin sur l'inculpation de révolte,
fut accusé par ses persécuteurs d'être l'auteur de l'assassinat de
Bridge, et nonobstant les engagements contractés par ses premiers
juges, il fut conduit à Clonmell, pour y être jugé sur ce nouveau
chef, et sur la déposition des indignes témoins sus-nommés, dont
la déclaration avait été si justement flétrie à Dublin, il fut jugé et
condamné, comme coupable d'assassinat, à être pendu et écartelé.

L'injustice et l'inhumanité dont on fit preuve, en cette circon-
stance, (2) contre cet infortuné, sont connues et attestées par plu-

_____

(1) Deux témoins irréprochables ont affirmé sous serment que Bridge avait quitté volontai-
rement le royaume, très peu de temps avant qu'il fût question de son prétendu assassinat
(*Voyez* Notes du jugement, prises par un des Jurés ; dans l'Exshaw's Magazine, mois de
Juin 1766).

(2) Je n'en citerai qu'un exemple entre plusieurs autres : Pendant la durée de ce procès,
M. Keating, homme fort riche et très-estimé de tout le pays, ayant déclaré de la manière la
plus positive et la plus incontestable, que pendant toute la nuit du soi-disant assassinat de
Bridge, le prisonnier *Nicolas Sheehy* avait couché chez lui, qu'il n'aurait pas pu sortir de la
maison sans que lui, M. Keating, en eût connaissance, et qu'en conséquence l'accusé n'avait

thousands of creditable persons, who were present and eye-witnesses on the day of the trial. A party of horse surrounded the Court, admitting and excluding whomsoever they thought proper, while others of them, with a certain Knight at their head, scampered the streets in a formidable manner, forcing into inns and private lodgings in the town, challenging, and questioning all new comers, menacing his friends and encouraging his ennemies; even after sentence of death was pronounced against him (which one would have thought might have satisfieed his ennemies), his attorney found it necessary for his safety to steal out of the town by night, and with all possible speed make his escape to Dublin.

The night before his execution, which was but the second after his sentence, he wrote a letter to Major *Sirr* wherein he declared his innocence of the crime for which he was next day to suffer death; and on the morning of that day, just before he was brought forth to execution, he, in the presence of the sub-sheriff and a clergyman who attended him, again declared his innocence of the murder, solemnly protesting at the same time, as he was a dying man just going to appear before the most awful of tribunals, that he never had engaged any of the rioters in the service of the French King, by tendering them oaths or otherwise; that he never had distributed money among them on that account, nor had ever received money from France, or any other foreign court, either directly or indirectly, for any such purpose; that he never knew of any French or other foreign officers being among these rioters; or of any Roman Catholics of property or note, being concerned with them. At the place of execution he solemnly averred the same things, adding : « that he never heard an oath of alle-« giance to any foreign prince proposed or administered in his life-

manager in these trials stood up and after looking on a paper that he held in his hand, inform ed the court, that he had M. Keating's name on the list, as one of those who was concerned in the killing of a corporal and serjeant, in a former rescue of some of these levellers. Upon which, he was immediately hurried away to Kilkenny jail, where he lay for some time loaded with irons, in a dark and loathsome dungeon : by this proceding, not only his evidence was rendered useless to *Sheehy*, but also that of many others was prevented, who came on purpose to testify the same thing, but instantly withdrew themselves, for fear of meeting with the same treatment. Mr. Keating was afterwards tried for this pretended murder at the assizes of Kilkenny, but was honourably acquitted; too late, to be of any service to poor *Sheehy*, who was hanged and quartered some time before Mr. Keating's acquittal. The very same evidence which was looked upon at Clonmell as good and sufficient to condemn Mr. *Sheehy*, having been afterwards rejected at Kilkenny, as prevaricating and contradictory with respect to Mr. Keating.

sieurs milliers de témoins irrécusables qui furent présents et virent de leurs propres yeux, que le jour où fut rendu le jugement, la Cour fut cernée par une troupe de cavaliers qui repoussaient ou admettaient les spectateurs à leur choix, tandis que d'autres, qui avaient à leur tête un certain Chevalier, parcouraient les rues au grand galop, entraient d'autorité dans les auberges et les maisons de la ville, interpellant et questionnant les nouveaux arrivés, menaçant les amis de l'accusé, tandis qu'ils encourageaient ses ennemis. Après même que la sentence de mort eut été prononcée contre lui, (ce qui eut dû suffire pour satisfaire ses ennemis,) son avocat se trouva obligé pour sa sûreté de quitter la ville pendant la nuit et de se réfugier à Dublin.

Dans la nuit qui précéda son exécution, il écrivit au major *Sirr* une lettre dans laquelle il déclarait être innocent du crime pour lequel il devait être supplicié le lendemain, et dans la matinée de ce jour même, au moment où on le conduisait à l'échafaud, en présence du sous-shériff et du prêtre qui l'assistait, il protesta de nouveau qu'il était innocent du meurtre, déclarant de la manière la plus solennelle, qu'aussi vrai qu'il était en face de la mort et au moment de paraître devant le tribunal le plus auguste, jamais il n'avait engagé, ni par serment ni d'aucune autre manière, aucun des rebelles au service du Roi de France ; qu'il ne leur avait jamais distribué d'argent venant de France dans ce but, ni que jamais il n'avait reçu d'argent ni de France ni d'aucune autre cour étrangère, soit directement soit indirectement, dans une semblable intention ; que jamais il n'avait été informé que des officiers français ou étrangers se fussent trouvés parmi les rebelles, ni que des personnes riches ou marquantes, professant la religion catholique romaine, eussent été leurs complices. Sur le lieu de l'exécution, il confirma de la manière la plus positive ses précédentes déclara-

---

pu être présent à l'assassinat; le rév. M. H., un des employés les plus zélés de ce tribunal, se leva, et regardant quelques papiers qu'il tenait à la main, il informa la cour, que le nom de M. Keating se trouvait sur sa liste comme complice d'un meurtre commis sur la personne d'un caporal et d'un sergent chargés d'escorter quelques rebelles. Sur cette déclaration, M. Keating fut immédiatement conduit à Kilkenny, et on le jeta dans un cachot obscur et malsain, où il resta pendant assez longtemps chargé de fers. De la sorte, non seulement sa déposition en faveur de *Sheehy* n'eut aucun résultat, mais encore beaucoup de personnes qui avaient l'intention de déposer dans le même sens, en furent empêchées par la crainte d'éprouver les mêmes traitements. Quelque temps après, M. Keating fut jugé et honorablement acquitté, mais trop tard, hélas! pour être de quelque utilité à ce pauvre *Mac Sheehy*, qui avait été pendu et écartelé peu avant l'acquittement de M. Keating. La même déposition qui avait paru à Clonmell bonne et suffisante pour faire condamner *Mac Sheehy*, fut repoussée à Kilkenny comme fausse et contradictoire en ce qui concernait M. Keating.

« time ; nor ever knew any thing of the murder of *Bridge*, until he
« heard it publicly talked of, nor did be know that there ever was
« any such design on foot. »

Every body knew, that this clergyman might, it he pleased, have
easily made his escape to France, when he first heard of the proclamation for apprehending him ; and as he was all along accused of
having been agent for the French king, in raising and fomenting
these tumults, he could not doubt of finding a safe retreat and sui-
table recompense for such services, in any part of his dominions.
It seems, therefore, absurd in the highest degree, to imagine that
he, or any man, being at the same time conscious of the complicated guilt of rebellion and murder, would have wilfully neglected
the double opportunity of escaping the punishment due to such
crimes, and of living at his ease and safety in another kingdom ;
or that any person so criminally circumstanced as he was thought
to be, would have at all surrendered himself to a public trial,
without friends, money or family connections, and above all, without that consciousness of his innocence, on which, and the protection of the All-mighty, he might possibly have relied for his de-
liverance.

Emboldened by this success, the knight before-mentioned pu-
blished an advertisement somewhat in the nature of a manifesto,
wherein, after having presumed to censure administration for not
punishing with greater and injustifiable severity, these wretched
rioters, he named a certain day, on which the following persons of
credit and substance in that country, viz : **Edmund Sheehy,** *James
Buxton, James Farrell* and others, were to be tried by Commission at Clonmell as principals and accomplices in the aforesaid
murder of *Bridge;* and, as if he meant by dint of numbers, to inti-
midate even the Judges into lawless rigour and severity, he sent
forth a sort of authoritative summons « to every gentleman in the
« County to attend that Commission. » His summons was punc-
tually obeyed by his numerous and powerful adherents and these
innocent (as will appear hereafter) men were sentenced to be
hanged and quartered by that Commission.

It will naturally be asked upon what new evidence (1) this sen—

(1) " James Prendergast, Esq., a witness for *M. Edmund Sheehy*, perfectly unexceptionable

tions et il ajouta « que de sa vie il n'avait jamais entendu par-
« ler d'un serment de fidélité proposé ou prêté à quelque prince
« étranger que ce fût ; qu'il n'avait eu connaissance de l'assassi-
« nat de *Bridge* que par la clameur publique, et qu'il avait tou-
« jours ignoré qu'il fut question de le tuer. »

Tout le monde sait que cet ecclésiastique pouvait facilement, s'il
l'eut voulu, se sauver en France à la première nouvelle du mandat
d'arrêt décerné contre lui ; et comme on l'avait déjà accusé de fo-
menter et d'encourager ces révoltes au nom du Roi de France, il
devait pouvoir, à coup sûr, compter sur un refuge assuré et sur une
récompense proportionnée à de si importants services, dans quelque partie de son royaume que ce fût. Il serait d'ailleurs absurde
au suprême degré, d'imaginer que lui, ou tout autre homme accusé du double crime de meurtre et de rébellion, eût négligé vo-
lontairement de profiter du double avantage qui lui était offert,
d'une part d'échapper au châtiment réservé à de pareils crimes, et
de l'autre, de pouvoir vivre dans l'aisance et en toute sécurité dans
un royaume étranger ; il serait absurde enfin de supposer qu'un
homme, inculpé d'aussi grands forfaits, se serait soumis sans diffi-
culté au jugement des tribunaux, et cela sans être appuyé par des
amis, de l'argent ou des liens de famille, à moins qu'il n'eût compté
fermement pour le tirer de cette dangereuse situation sur la pureté
de sa conscience et la protection du Tout-Puissant.

Enhardi par ce succès, le Chevalier déjà cité, publia un avertis-
sement en forme de manifeste, dans lequel, après s'être permis de
blâmer l'administration pour n'avoir pas puni avec plus de rigueur et de sévérité les malheureux insurgés, il fixa un jour auquel devaient comparaître et se voir juger à Clonmell comme
fauteurs ou complices de l'assassinat de *Bridge*, Sir **Edmond
M'Sheehy,** *James Buxton, James Farrell* et quelques autres, et
dans le but d'amener les juges à déployer une rigueur et une sévérité extrêmes en les intimidant par la pression du nombre, il en-
voya une invitation à tous les gentilshommes du canton, en les au-
torisant à faire partie de cette commission. Ses puissants et nom-
bréux partisans se rendirent à ses ordres avec empressement ; et ces
hommes innocents (comme on le prouvera plus loin) furent condamnés par cette commission à être pendus et écartelés.

Il semble naturel de s'informer sur quelles preuves nouvelles (1)

(1) « James Prendergast, Esq., témoin à décharge pour M. *Edmond Sheehy*, homme très-

tence was passed; as it may be supposed that no use was made of
the former reprobated witnesses on this occasion, but truth obliges
me to answer, with reluctance and shame, that use was made of
them, and a principal use too, in the trial and conviction of the
devoted men. The managers, however, for the crown, as they im-
pudently called themselves, being afraid or ashamed to trust the
success of their sanguinary purposes to the now enfeebled, because
generally exploded, testimony of these miscreants, looked out for
certain props, under the name of *approvers,* to strengthen and sup-
port their tottering evidence.

These they soon found in the persons of *Herbert* and *Bier,* two
prisoners accused like the rest of the murder of *Bridge;* and who,
though absolutely strangers to it (as they themselves had often
sworn in the jail), were nevertheless in equal danger of being hanged for it, if they did not purchase their pardon by becoming approvers of the former false witnesses. *Herbert* was so conscious of
his innocence in respect to *Bridge's* murder, that he had come to
the assizes of Clonmell, in order to give evidence in favour of the
priest **Sheehy;** but his arrival and business being soon made
known, effectual measures were taken to prevent his giving such
evidence. Accordingly, bills of high treason were found against
him, upon the information of one of these reprobate witnesses, and
a party of light horse sent to take him prisoner. *Bier,* npon his

in point of fortune, character and religion, which was that of the established church, deposed
that on the day and hour on which the murder of Bridge was sworn to have been commit-
ted, viz. about or between the hours of ten and eleven o'clock on the. night of the 28th.
october 1764, *Edmund Sheehy,* the prisoner, was with him and others in a distant part of the
country; that they and their wives had, on the aforesaid 28th. of october dined at the house
of M. Tenison, near Ardfinan, in the county of Tipperary, where they continued until after
supper; that it was about eleven o'clock when he and the prisoner left the house of Mr.
Tenison, and rode a considerable way together on their return to their respective homes:
that the prisoner had his wife behind him; that when he (M. Prendergast) got home, he looked
at the clock and found it was the hour of twelve exactly. " This testimony was confirmed
by several corroborating circumstances, sworn to be by two other witnesses, against whom
no exception appears to have been taken. And yet, because M. Tenison, although he confessed in his deposition, that the prisoner had dined with him in october 1764, and does not
expresly deny that it was on the 28th. of that month; but says, conjecturally, that he was
inclined to think that it was earlier than the 28 th.; the prisoner was brought in guilty. Thus
positive and particular proof, produced by Mr. Prendergast, with, circumstances of the day
and the hour, attested upon oath by two other witnesses whose veracity seems not to have
been questioned, was overruled and set aside by the vague and indeterminate surmise of
Mr. Tenison.

(See Exshaw's, Gentleman's and London magazine for April and June 1766).

cette sentence fut rendue ; car on aurait peine à croire qu'on eût osé faire usage des premiers témoins si justement flétris précédemment ; cependant je suis forcé d'avouer, à regret et la rougeur au front, qu'on les employa, et trop activement, hélas ! pendant l'instruction et le jugement du procès de ces infortunés dont la perte était jurée d'avance. Les conseillers de la couronne, néanmoins, (c'est la qualité qu'ils avaient l'impudence de s'attribuer), honteux ou effrayés de faire reposer le succès de leurs procès sanguinaires sur le témoignage (actuellement discrédité, parce qu'il était généralement méprisé) de ces mécréants, cherchèrent d'autres appuis, sous le nom d'*approvers*, pour consolider et soutenir leur chancelant édifice.

Ils les trouvèrent dans *Herbert* et *Bier*, tous deux prisonniers et inculpés, comme tous les autres, de l'assassinat de *Bridge*, et quoique ces deux hommes fussent absolument étrangers à ce crime (ainsi qu'ils en firent plusieurs fois serment dans la prison), ils n'en furent pas moins en danger d'être pendus pour ce fait, et n'obtinrent leur grâce que sous la condition qu'ils deviendraient *approvers* des premiers faux témoins. *Herbert* avait tellement la conscience de son innocence relativement au meurtre de *Bridge*, qu'il était venu aux assises de Clonmell, avec l'intention de déposer en faveur du prêtre **Sheehy ;** mais son arrivée et son projet ayant été promptement connus, on prit des mesures efficaces pour mettre obstacle à une semblable déposition. On délivra en conséquence des bills de haute trahison contre lui, sur la dénonciation d'un de

« considéré pour sa fortune, son caractère et sa religion, qui était celle de l'église établie, dé-
« posa, qu'au jour et à l'heure où on affirmait sous serment que le meurtre de Bridge avait été
« commis ; savoir, environ entre dix et onze heures, dans la nuit du 28 octobre 1764 ; le pri-
« sonnier, *Edmund Sheehy*, était avec lui et quelques autres personnes dans une partie éloi-
« gnée de la contrée, et qu'eux et leurs femmes avaient, le 28 octobre, diné chez M. *Tenison*,
« près Arfinan, dans le comté de Tipperary ; où ils restèrent jusqu'après souper ; qu'il était
« environ onze heures, quand lui et le prisonnier quittèrent la maison de M. Tenison, et qu'ils
« firent ensemble une partie considérable du chemin qui les ramenait à leurs demeures res-
« pectives. Que la femme du prisonnier était auprès de lui ; que quand lui (M. Prendergast)
« arriva chez lui, il avait regardé l'heure et reconnu qu'il était exactement minuit. » Cette
déposition fut appuyée par plusieurs circonstances qui la confirmaient et par le serment de
deux autres témoins, dont la déclaration paraît avoir été acceptée sans réclamations. Et main-
tenant, bien que M. Tenison avouât dans sa déposition que le prisonnier avait diné avec lui
dans le mois d'octobre 1764, et qu'il ne niât pas que ce pouvait bien être le 28 de ce mois,
mais comme il ajouta par conjecture, qu'*il était porté à croire que c'était avant le 28 octobre*,
le prisonnier fut déclaré coupable. Les preuves évidentes et circonstanciées fournies par
M. Prendergast, accompagnées de l'indication du jour, de l'heure, appuyées du serment de
deux autres témoins dont il ne semble pas qu'on ait révoqué en doute la véracité, tout cela
fut écarté et anéanti par l'insinuation vague et indécise de M. Tenison.

(Voyez *Exshaw*. Gentleman's and London Magazine, pour les mois d'avril et de juin 1766).

removal afterwards to Newgate in Dublin, declared, in a dangerous
fit of sickness, to the ordinary of that prison, with evident marks
of sincere repentance, « that for any thing he knew to the con-
« trary, the before-mentioned **Edmund Sheehy,** *James Buxton*
« and *James Farrell* were intirely innocent of the fact for which
« they had suffered death; and that nothing in this world, but the
« preservation of his own life, which he saw was in the most im-
« minent danger, should have tempted him to be guilty of the
« complicated crimes of perjury and murder, as he then confessed
« he was, when he swore away the lives of those innocent men. »

On Saturday morning, May 3d 1766, the convicts were hanged
and quartered at Clogheen. Their behaviour at the place of execution was cheerful but devout, and modest though resolute. It
was impossible for any one in their circumstances to counterfeit
that resignation, serenity and pleasing hope, which appeared stri-
kingly in all their countenances and gestures. Conscious of their
innocence, they seemed to hasten to receive the reward pre-
pared in the next life, for those who suffer patiently in this.
For, not content to forgive, they prayed for and blessed their per-
secutors, judges, and juries, as likewise all those who were otherwise instrumental in procuring their deaths. After they were tied
up, and just before they were turned off, each of them, in his turn,
read a paper aloud, without tremour, hesitation or other visible
emotion, wherein they solemnly protested, as dying Christians, who
were quickly to appear before the judgement-seat of God; « that
« they had no share, either by act, counsel, or knowledge, in the
« murder of *Bridge*; that they never heard an oath of allegiance
« to any foreign Prince proposed or administered amongst them;
« that they never heard, that any scheme of rebellion, high trea-
« son, or a massacre, was intended, offered, or even though of, by
« any of them, that they never knew of any Commissions, or
« French or Spanish officiers being sent, or of any money being
« paid to these rioters. » After this they severally declared, in
the same solemn manner, « that certain gentlemen, whose names
« they then mentioned, had tampered with them at different times,
« pressing them to make, that they called useful discoveries, by
« giving in examinations against numbers of Roman Catholics of for-
« tune in that province (some of whom they particularly named),

ces maudits témoins , et un détachement de cavalerie légère fut envoyé pour s'en emparer. *Bier* ayant été par la suite transféré à la prison de Newgate à Dublin, déclara à l'aumônier de cette prison , pendant une dangereuse maladie , et avec les marques évidentes d'un sincère repentir , « qu'à sa connaissance les susdits
« **Edmond Sheehy**, *James Buxton* et *James Farrell*, étaient complétement innocents du crime pour lequel ils avaient été mis à
« mort, et que rien au monde , si ce n'est la conservation de sa
« propre vie, qu'il savait avoir été dans le plus grand danger, n'aurait pu le déterminer à se rendre coupable du double crime de
« parjure et de meurtre, ce qu'il confessait avoir fait à l'égard de
« ces innocentes victimes. »

Le samedi , 3 mai 1766, les condamnés furent pendus et coupés par quartiers à Clogheen ; leur contenance sur l'échafaud fut calme et décente, modeste mais courageuse. Il était impossible dans ce moment suprême de feindre cette résignation , cette sérénité , cette douce confiance qui respiraient dans leur contenance et toutes leurs actions d'une manière surprenante. Convaincus de leur innocence, ils semblaient hâter le moment de recevoir la récompense préparée dans l'autre vie à ceux qui souffrent avec patience dans celle-ci ; non contents de pardonner, ils bénirent leurs persécuteurs, leurs juges, les jurés et tous ceux qui avaient contribué à leur mort, et prièrent pour eux. Au moment même de l'exécution, chacun d'eux, à son tour, sans hésitation, sans tremblement ou émotion visible, lut à haute voix un papier, par lequel ils protestaient solennellement, comme des chrétiens sur le point de mourir, et de comparaître à l'instant devant le tribunal de Dieu,
« que jamais, par acte, conseil ou connivence, ils n'avaient eu au-
« cune part à l'assassinat de *Bridge ;* que jamais un serment de
« fidélité n'avait été ni proposé ni prêté par eux à aucun prince
« étranger ; qu'ils n'avaient jamais entendu dire qu'il eût été or-
« ganisé, combiné ou médité aucun plan de rébellion , de haute
« trahison ou de massacre ; qu'ils n'avaient jamais eu connaissance
« de commissions accordées, ni que des officiers français ou espa-
« gnols, ni de l'argent, eussent été expédiés ou payés aux rebelles.»
Ils déclarèrent ensuite, chacun de son côté, et avec la même solennité , « que quelques personnes dont ils indiquèrent les noms ,
« les avaient, à plusieurs reprises, engagés à faire ce qu'ils appe-
« laient d'*utiles révélations* , en dénonçant un grand nombre de
« catholiques romains ayant des possessions dans cette province,

« as actually concerned in a conspiracy (1), and intended mas-
« sacre, which were never once thought of; but above all, that they
« urged them to swear, that the priest **Nicholas Sheehy** died with
« a lye in his mouth; without doing which, they said, no other dis-
« covery would avail them.   Upon these conditions, they promised
« and undertook to procure their pardons, acquainting them at the
« same time, that they should certainly be hanged, if they did not
« comply with them. »

Thus did those virtuous men prefer even death to a life of guilt, remorse and shame, the just punishment in this world of their tempters, as well as the wretches seduced by them.

(John Curry. An historical and critical Review of the Civil Wars in Ireland; 1786, 2 vol., in-8, tom. 2, p. 274).

(1) I was three times in Ireland (says an English commoner) from the year 1760, to the year 1767, where I had sufficient means of information, concerning the inhuman proceedings (among which were many cruel murders, besides an infinity of outrages and oppressions unknown before in a civilized age) which prevailed during that period, in consequence of a pretended conspiracy among Roman-Catholics against the King's government.

(Lett. Eng. Commoner, etc., *ut supra*).

« (et ils en nommèrent plusieurs en particulier), comme ayant
« trempé dans une conspiration (1) pour organiser des massacres,
« ce dont ils étaient tout à fait innocents ; mais qu'ils les avaient
« par-dessus tout, pressés de prêter serment que l'ecclésiastique
« **Nicolas Sheehy** était mort le mensonge à la bouche, en ajoutant
« que faute de se conformer à ces révélations, aucune autre de
« leur part ne serait admise, et qu'à cette condition ils leur firent
« la promesse de leur faire obtenir grâce et pardon ; mais que sur
« leur refus ils devaient s'attendre à être pendus sans aucune ré-
« mission. »

Ainsi ces hommes vertueux préférèrent la mort à une vie remplie
de remords et d'ignominie qui fut dans ce monde le partage de
leurs tentateurs et la juste punition des misérables qu'ils parvinrent
à séduire. (John Curry. Revue historique et critique des guerres
civiles en Irlande. Dublin. 1786. 2 volumes. in-8. Tome 2.
p. 274).

---

(1) « J'ai trois fois visité l'Irlande (dit un membre de la chambre des communes d'Angleterre), de 1760 à 1767, et j'eus tous les moyens de me procurer des informations sur les pro-
cédés inhumains (au nombre desquels il faut ranger plusieurs cruels assassinats et surtout
un grand nombre d'outrages et d'actes oppressifs, inconnus auparavant dans les siècles de
civilisation) qui furent commis à cette époque, sous prétexte d'une prétendue conspiration
des catholiques romains contre le gouvernement du roi d'Angleterre.»

(Lett. Engl. Commoner., etc., *ut suprà*).